Cloelia

puella Rōmāna

Ellie Arnold

2016

v. 1.1 : Some minor changes to text. See teachers' guide at latintoolbox.blogspot.com for details.

capitula

A note to teachers

Chapters V and VI contain the stories of Lucretia and Kallisto. Accordingly, they include a suicide and two incidents of sexual violence. Consider the age and experiences of your students, and seek administrative and parental approval to read these chapters if necessary. The crisis counselor or guidance department at your school may have advice about how to discuss these difficult but important topics with your students.

Please use these chapters with caution, and give students advance warning of the content. I respectfully ask that you allow students to skip them if they want to without requiring personal explanations. Also, these chapters may be omitted without significantly impacting the narrative arc, although there are references to the vows of Lucretia and Kallisto later on.

I
in perīculō

❧ Cloelia ❧

nōmen mihi est Cloelia. puella parva Rōmāna sum. puella decem annōrum sum. decem annōs Rōmae cum patre et mātre habitāvī. decem annōs semper laeta eram. decem annōs tūta et numquam in perīculō eram.

nōmen mihi est – my name is

annōrum – years (old)

nunc in magnō perīculō sum.

timeō, sed tamen puella Rōmāna sum. cīvis Rōmāna sum. nōn lacrimō. cīvēs Rōmānī fortēs sunt. cīvēs Rōmānī in perīculō nōn timent, sed pugnant. cīvēs Rōmānī audācēs sunt. cīvēs Rōmānī in perīculō nōn lacrimant, sed rēs audacissimās gerunt. ego quoque fortis sum. ego quoque audāx sum. nōn lacrimābō. pugnābō.

in castrīs hostium sum. pater et māter in castrīs nōn sunt. pater et māter in urbe sunt. nunc in urbe cum patre et mātre nōn sum, sed in castrīs cum hostibus.

cūr in castrīs hostium sum? rem tōtam tibi narrābō.

cur – why

tōtam – whole

II
domī

❧ Cloelia ❧

in castrīs hostium captīva nunc sum, sed in urbe cum mātre et patre habitābam. patrem et mātrem amō et vidēre volō. mātrī nōmen est Valeria. patrī nōmen est Quīntus Cloelius Siculus Vōcula. pater est vir magnus, sed tacitus est. māter tacita nōn est, et semper mihi fābulās narrat.

amō – I love

nōmen – name

cum ... eram – when I was

fābulae mihi placent. cum domī eram, domum relinquere volēbam. magnās rēs gerere volēbam, sīcut in fābulīs. puellae Rōmānae rēs magnās nōn gerunt. puellae Rōmānae semper domī manēre et vestīmenta facere dēbent.

ōlim – once

ōlim domī ego et māter vestīmenta faciēbāmus. Lucrētia, amīca mātris, nōbīscum quoque vestīmenta faciēbat. bona mulier erat et semper mihi fābulās dē magnīs rēbus gestīs narrābat. vestīmenta facere mihi nōn placet. dē magnīs rēbus gestīs semper fābulās audīre volēbam.

“māter, fābulam audīre velim.”

“et quam fābulam audīre velis, Cloelia?” māter inquit.

"fābulam dē puellā quae vestīmenta nōn faciat!"

māter et Lucrētia rīsērunt. "fābulam dē illā Camillā tibi narrābō." Lucrētia inquit, et hanc fābulam narrāre incēpit.

rīsērunt – laughed

❧ fābula dē Camillā, pars prīma ❧

prīma – first

ōlim vir erat, quī rēx urbis fuerat, sed cīvēs rēgem nōlēbant et virum expulsērunt. rēx ex urbe fugere dēbuit. vir fīliam īnfantem habēbat. nōmen fīliae Camilla erat.

fuerat – had been

vir fugiēbat et ad flūmen vēnit. aqua in flūmine celerrima erat!

"aqua in flūmine celerrima est." pater sēcum inquit. "aqua celer īnfantibus perīculō est. cum īnfante, trāns flūmen īre nōn possum!"

subitō pater cōnsilium cēpit. pater tēlum habēbat. ad tēlum Camillam ligāvit.

cōnsilium cēpit – got an idea

ligāvit – tied

rēx hoc vōtum fēcit: "Diāna, dea virginum et silvārum, servā fīliam meam! fīliam meam tibi dabō. fīlia mea virgō semper erit et pudīcitiam servābit!" itaque pater tēlum cum īnfante trāns flūmen ēmīsit!

dea – goddess

silvārum – of woods

III
Camilla in bellō

❧ fābula dē Camillā, pars altera ❧

audīvitne Diāna vōtum rēgis? pater trāns flūmen iit et filiam parvam in rīpā vīdit. īnfāns tūta in illā rīpā erat! īnfāns neque mortua neque in perīculō erat, sed vīvēbat et rīdēbat.

rīdēbat – was laughing

"ō filia mea, tūta es!" pater clāmāvit. "Diāna tē servāvit! semper tū amīca Diānae eris. pudīcitiam semper servā, et nōlī cupere virōs."

pater Camillae vōtum nōn rūpit. cum illa puella erat, in silvīs cum patre habitābat. vestīmenta facere numquam dēbēbat. fortis erat, et audāx. sīcut mīles gladiō et tēlīs pugnābat. neque virōs cupiēbat, sed semper virgō erat sīcut Diāna, et pudīcitiam servāvit.

cum ... erat – when ... she was

silvīs – woods

❧ Cloelia ❧

"Camilla fortis et audāx erat! in silvīs habitāre et gladiō tēlīsque pugnāre volō! fortis sum et virōs nōn cupiō!" clāmāvī.

Lucrētia rīsit. "Cloelia, hanc tōtam fābulam nōn audīvistī."

rīsit - laughed

tōtam – whole

❧ fābula dē Camillā, pars tertia ❧

tertia – third

cum hostēs ad Italiam vēnērunt, Camilla Italiam servāre volēbat. contrā hostēs bellum gessit. prō Italiā fortiter pugnābat. multōs virōs fortēs gladiō tēlīsque interfēcit. omnēs hostēs eam vidēbant et timēbant.

cum... vēnērunt – when ... came

sed subitō Camilla virum vīdit, quī vestīmenta splendida gessit. illa haec vestīmenta splendida vīdit et statim cupīvit.

"numquam vestīmenta tam splendida vīdī, neque habuī!" Camilla sēcum inquit.

virgō fortis ad virum celeriter iit. ūnus ex hostibus eam vīdit et in eam tēlum ēmīsit. quia Camilla eum nōn vīdit, mortua est. tēlum hostis eam interfēcit.

❧ Cloelia ❧

ēheu – oh no!

"ēheu! miseram Camillam!" clāmāvī.

miseram – poor

magis – more

“Cloelia,” Lucrētia inquit, “mulierēs vestīmenta, nōn bellum, facere dēbent. vestīmenta splendida nōbīs magis placent quam mors et bellum. mulierēs domī esse dēbent, et virī bellum gerere dēbent.”

“vestīmenta mihi nōn placent!” clāmāvī.

rīsimus – we laughed

rīdēbāmus – we were laughing

“vīsne per urbem nūda īre?” inquit māter. “vestīmenta tibi certē placent!” omnēs rīsimus. sed posteā nōn rīdēbāmus, quia mors ad Lucrētiam et bellum ad urbem vēnērunt.

IV
Lucrētia

❧ Cloelia ❧

posteā, cum mātre iterum vestīmenta faciēbam. subitō, pater ad nōs celeriter vēnit.

"ēheu! erit bellum."

ēheu – oh no!

"quid?" inquit māter. "cūr bellum erit? quid dīcis?"

cur – why

"Sextus, fīlius rēgis, scelus magnum fēcit, et rēx nihil facit. Sextus nūllās poenās dedit. nōs rēgem expellēmus et rēx fīliusque poenās dabunt."

"quod scelus magnum fēcit?"

"Lucrētia, amīca tua, mortua est."

"ā! ā! ēheu!" māter clāmāvit et lacrimāre incēpit. "interfēcitne Sextus Lucrētiam? cūr?"

"Sextus Lucrētiam nōn interfēcit. sed tamen Lucrētia mortua est, quia Sextus contrā eam scelus magnum fēcit." pater rem narrāre incēpit.

❧ mors Lucrētiae, pars prīma ❧

prīma – first

coniūnx – spouse

bibēbat – was drinking

amābat – loved

Collātīnus, coniūnx Lucrētiae, cum Sextō et amīcīs bibēbat. Collātīnus Lucrētiam laudābat, quia eam multum amābat.

"Lucrētia mea optima mulier est," inquit Collātīnus. "numquam aliōs virōs spectat, neque cupit. semper domī manet et vestīmenta facit, ut mulierēs dēbent."

"tam bonam mulierem numquam vīdī!" inquit ūnus ē virīs. "coniūnx mea aliōs virōs nōn spectat neque cupit, sed tamen domī nōn manet. nocte cum amīcīs per urbem it."

"certē," inquit Sextus. "Collātīne, Lucrētia tua quoque numquam domī manet, sī tū domī nōn es."

ut – as

nocte – at night

eāmus et videāmus – let's go and see

"haec quae dīcō vēra sunt," inquit Collātīnus. "tam bona mulier est Lucrētia, ut nocte semper sōla domī vestīmenta faciat."

"ad domum Collātīnī eāmus et videāmus!" inquit Sextus. "certē illa quoque cum amīcīs per urbem it."

omnēs virī ad domum Collātīnī iērunt. haec quae Collātīnus dīxerat vēra erant! Lucrētia domī erat, neque per urbem cum amīcīs it. illa tacita vestīmenta faciēbat.

omnēs virī Lucrētiam laudābant. "Lucrētia optima mulierum in Italiā est! mulier maximae pudīcitiae est!"

Collātīnus laetus erat quia omnēs Lucrētiam laudābant.

❧ Cloelia ❧

subitō pater mē vīdit, "puella parva dē hōc scelere audīre nōn dēbet. satis est dīcere Lucrētiam mortuam esse, et bellum venīre." inquit pater.

satis – enough

V
mors Lucrētiae

❧ Cloelia ❧

"Cloelia puella parva est," māter inquit, "sed bellum erit. in bellō hostēs scelera contrā mulierēs puellāsque semper faciunt. puellae dē sceleribus audīre dēbent."

tristis –sadly

"haec quae dīxistī vēra sunt," inquit pater tristis, et rem iterum narrāre incēpit:

❧ mors Lucrētiae, pars altera ❧

cum... vīdit – when ... he saw

cum... nōn erat – when... he was not

nocte – at night

tōtam – whole

tristissima – very sadly

mātrimōniī – of marriage

Sextus, cum tam bonam mulierem vīdit, statim eam cupīvit. posteā, cum Collātīnus domī nōn erat, Sextus in domum Lucrētiae nocte iit. illa eum nōn cupiēbat, sed tamen Sextus eam cēpit et pudīcitiam violāvit. Lucrētia cum illō pugnāre nōn poterat. cum Sextus eam relīquit, Lucrētia ad domum patris iit et tōtam rem narrāvit.

"quia Sextus pudīcitiam meam violāvit," inquit mulier tristissima, "vōtum mātrimōniī rūpī. ego dehinc

vīvere nōn dēbeō." subitō Lucrētia ē vestīmentīs gladium cēpit et ipsa sē interfēcit. pater eam servāre nōn poterat. mortua statim erat.

❧ Cloelia ❧

"māter!" clāmāvī. nunc ego quoque lacrimābam. "cūr? cūr Lucrētia ipsa sē interfēcit? nōnne Sextus mortuus esse dēbet, neque Lucrētia misera?"

cur – why

misera – poor

"illa Lucrētia mulier maximae pudīcitiae erat. quia Sextus pudīcitiam Lucrētiae violāvit, illa dehinc vīvere nōlēbat."

"quid est pudīcitia?"

"quod virtūs est virīs, pudīcitia est mulieribus. multa pudīcitia est bonae mulierī. mulier cui nūlla pudīcitia est, nūllī amīcī sunt. sī mulier sē virō dat, et vir nōn est coniūnx, vōtum mātrimōniī rumpit. cum Sextus pudīcitiam Lucrētiae violāvit, vōtum mātrimōniī illius quoque violāvit."

cui ... est – who has

coniūnx – spouse

cum... violāvit – when... violated

illius– her

"Lucrētia ipsa vōtum nōn rūpit! Sextus scelus fēcit. Lucrētia ipsa nūllum scelus fēcit."

hominēs – human beings

nefās – evil

homō – person

deī – gods

"haec quae dīxistī vēra sunt," inquit māter. "sed tamen hominēs vōta rumpere nōn dēbent. nefās est vōtum rumpere. sī homō vōtum rumpit, deī īrātī sunt, et ille homō poenās semper dat.

VI
Kallistō

❧ Cloelia ❧

"fābulam dē vōtīs tibi narrābō. fābula est dē illā Kallistōne, quae vōtum rūpit et poenās dedit." inquit māter, et hanc fābulam narrāre incēpit.

❧ fābula dē Kallistōne ❧

dea – goddess

silvīs – woods

dea Diāna in silvīs cum virginibus amīcīs habitābat. Kallistō virgō erat et cum Diānā habitāre volēbat.

Kallistō Diānae hoc vōtum fēcit, "ego semper virgō erō et amīca tibi, Diāna. numquam virōs cupiam et semper pudīcitiam servābō." Diāna et virginēs semper pudīcitiam eius laudābant.

ōlim – once

ōlim Iuppiter eam vīdit et statim cupīvit. "Kallistōnem illam cupiō," Iuppiter sēcum inquit. "sed certē haec virgō amīca Diānae mē nōn cupiet." itaque Iuppiter in fōrmam Diānae sē mūtāvit, et ad Kallistōnem iit.

mūtāvit – changed

ōsculum – kiss

cum... vēnit – when... she came

deō – god

tristissima – very sadly

"amīca mea," inquit Iuppiter. "dā mihi ōsculum."

cum Kallistō ad eum vēnit et ōsculum dedit, Iuppiter eam cēpit. Kallistō cum deō pugnāre nōn poterat. Iuppiter eam violāvit et relīquit. Kallistō tristissima ad Diānam et amīcās iit.

"nōnne tū vōtum mihi fēcistī?" inquit Diāna cum eam vīdit. "pudīcitia tua violāta est. nunc tū neque virgō es, neque amīca mea." dea īrātissima Kallistōnem ē silvīs expulsit.

Iuppiter scelus fēcit, neque Kallistō ipsa. sed tamen quia Kallistō vōtum rūpit, Diāna īrātissima erat et Kallistō poenās dedit.

❧ Cloelia ❧

nefās – evil

"certē Lucrētia vōtum rumpere nōluit, neque Sextum cupīvit." inquit māter. "sed nefās est vōtum rumpere, et quia Lucrētia vōtum rūpit, poenās dedit."

VII
bellum

❧ Cloelia ❧

cum dē morte Lucrētiae audīverant, omnēs Rōmānī īrātissimī erant, sīcut ego. illa Lucrētia optima mulier Rōmāna fuerat. pudīcitiam et virtūtem Lucrētiae nōs omnēs laudābāmus. Sextum mortuum esse volēbāmus. Tarquinius, quī erat rēx Rōmae et pater Sextī, nihil fēcit. Sextus nullās poenās dedit. in urbe omnēs multa dē rēge et fīliō dīcēbant.

cum... audīverant – when... they had heard

fuerat – had been

"Tarquinius fīlium ex urbe expellere dēbet!" aliī Rōmānī clamābant.

aliī... aliī... – some... others...

"nōs et Tarquinium et fīlium interficere dēbēmus!" aliī Rōmānī clamābant.

et... et... – both... and...

Sextus et Tarquinius Rōmānōs īrātōs timēbant et ex urbe fūgērunt.

posteā nōs omnēs Rōmānī hoc vōtum fēcimus: "Rōma dehinc numquam rēgem habēbit." Rōmānī duōs magnōs virōs ducēs fēcērunt:

coniūnx – spouse

Collātīnum, quī coniūnx Lucrētiae fuerat, et Brūtum.

Tarquinius ad amīcum Porsennam fūgit. Porsenna rēx Ētruscōrum erat. Porsenna et Tarquinius mīlitēs Ētruscōs ad urbem dūxērunt. bellum erat.

VIII
in domō ducis

❧ Cloelia ❧

cum bellum incēpisset, adhūc tamen puella parva laeta eram. tūta in urbe eram. ōlim ad domum amīcae iī. nōmen amīcae Iūnia erat. decem annōrum quoque erat. māter Iūniae multa vestīmenta splendida habēbat. haec vestīmenta nōs spectābāmus. subitō patrem Iūniae audīvimus. pater Iūniae erat Brūtus ille, ūnus ē ducibus Rōmānīs.

"eāmus," inquit Iūnia, "et patrī salūtem dīcāmus."

celeriter iimus ad patrem Iūniae, sed subitō Collātīnum et tertium virum vīdimus. Brūtus, pater Iūniae, et Collātīnus ducēs Rōmānī erant. certē hic tertius vir quoque magnus erat. tacitae erāmus, quia dē bellō audīre volēbāmus.

"Mūcī, nōnne tū in castra hostium sōlus iistī? mortuus esse dēbēs!" inquit Collātīnus.

cum ... incēpisset – although... had started

ōlim – once

iī – I went

nōmen – name

annōrum – years (old)

eāmus – let's go

salūtem dīcāmus – let's give greetings

tertium / tertius – third

tertiō – third

ēmīsit – let go

tōtam – whole

nōmen tertiō virō Mūcius erat. "hoc quod dīcis vērum est," inquit Mūcius. "sed Porsenna ipse, rēx Ētruscōrum, mē nōn interfēcit, sed ēmīsit." Mūcius tōtam rem narrāvit.

IX
rēs gesta Mūciī

❧ rēs gesta Mūciī ❧

īī – I went

trāns flūmen ad castra hostium iī. sōlus iī et tacitus quia Porsennam interficere volēbam. vestīmenta Ētrusca gerēbam. itaque hostēs mē neque cēpērunt, neque interfēcērunt.

in castrīs hostium omnēs mīlitēs duōs virōs spectābant. ūnus mīlitibus aliquid dīcēbat, et alter audiēbat. vestīmenta splendida gerēbant.

quis – who?

certus eram hōs virōs esse ducēs Ētruscōrum. ūnus ē virīs erat Porsenna, rēx Ētruscōrum, sed quis erat alter? nōn certus eram, sed tamen ad hōs virōs celeriter iī. gladiō ūnum interfēcī, sed tamen alter adhūc vīvēbat. mīlitēs mē statim cēpērunt et ad alterum virum dūxērunt.

"quis es? certē tū es hostis, nōn Ētruscus." vir inquit.

"Gāius Mūcius sum, cīvis Rōmānus. ad castra hostium vēnī quia rēgem Porsennam interficere volēbam."

scrībam – secretary

vir īrātus erat. "Porsenna ego sum, rēx Ētruscōrum. scrībam meum, neque me, tu interfecisti. ego ipse, quem interficere volēbās, tē interficiam."

prīmus – first

trecentī – three hundred

maior – more important

magis – more

manum dextram – right hand

ignēs – flames

ego nōn timēbam. "prīmus sum et mortuus erō, sed tamen trecentī aliī virī Rōmānī quoque tē interficere volunt et venient. tū mortuus eris, quia nōs Rōmānī fortēs et audācēs sumus. Rōmānī neque perīculum neque mortem timēmus. virtūs est maior Rōmānīs quam vīta. rēs magnās gerere nōbīs magis placet quam vīvere."

cum... cōnsūmerent – although... were devouring

subitō manum dextram in ignēs posuī. cum ignēs manum cōnsūmerent, tacitus tamen eram. nihil dīxī, sed rēgem spectāvī.

cōnsūmentēs– devouring

ēmittam – I will set free

ī – go!

Porsenna vīdit ignēs manum meam cōnsūmentēs, et statim mē laudāvit. "Mūcī," inquit. "vir maximae virtūtis es. tam fortem virum interficere nōlō. tē ēmittam. ī ad urbem et vīve."

X
nūntium Porsennae

❧ Cloelia ❧

"nunc," inquit Mūcius tristis. "in urbe sum et vīvō, sed tamen rēgem interficere nōn poteram, et ignēs manum dextram cōnsūmpsērunt. dehinc gladium tenēre nōn possum, neque cum hostibus Rōmae pugnāre."

tristis –sadly

ignēs – flames

manum dextram – right hand

cōnsūmpsērunt – devoured

tenēre – to hold

subitō mīlitēs Rōmānī in domum vēnērunt. mīlitēs Rōmānī virum in domum Iūniae duxērunt. vir vestīmenta Ētrusca gerēbat... hostis erat!

"estisne Brūtus ille et Collātīnus ille, ducēs Rōmānī?" inquit vir Ētruscus.

"ducēs Rōmānī sumus. quis es et quid vīs?" inquit Brūtus.

quis – who?

"Porsenna ipse, rēx Ētruscōrum, nūntium tibi mīsit." vir Ētruscus ducibus hoc nūntium dīxit.

nūntium – message

mīsit – has sent

❧ nūntium Porsennae ❧

salūtem dīcit – gives greetings

Porsenna, rēx Ētruscōrum, Brūtō et Collātīnō, ducibus Rōmānīs salūtem dīcit,

magnam rem gestam vīdī. virtūs illius cīvis Rōmānī Gāiī Mūciī maxima est. cīvēs Rōmānī fortissimī et audācissimī sunt. dehinc contrā Rōmānōs bellum gerere nōlō. dāte mihi captīvōs: decem puerōs et decem puellās, quī fīliī maximōrum Rōmānōrum sunt. mīlitēs ego ab urbe dūcam. sī Rōmānī nōbīscum dehinc pugnābunt, captīvōs interficiam.

❧ Cloelia ❧

statim ego et Iūnia timēbāmus. nōs fīliae maximōrum Rōmānōrum erāmus! nōs ipsae certē erāmus duae ē captīvīs quī ad castra hostium īre dēbērent!

XI
in castrīs hostium

❧ Cloelia ❧

itaque in castrīs hostium captīva sum. Iūnia quoque captīva est. Iūnia et aliae puellae timent et lacrimant. ego quoque timeō, quia puella parva sum, sed tamen nōn lacrimō. nōn lacrimābō quia cīvis Rōmāna sum. Rōmānī fortēs et audācēs sunt. cīvis Rōmāna captīva esse nōn dēbet. ego captīvōs ē perīculō dūcam!

"amīcae," inquam. "nōlīte timēre. nōlīte lacrimāre."

"Cloelia," inquit Iūnia. "puellae parvae sumus. cum mātribus domī esse dēbēmus. in castrīs hostium esse nōn dēbēmus. in perīculō magnō sumus."

"haec quae dīxistī vēra sunt," inquam. "puellae parvae sumus, et nōbīs magis placet domī esse quam in perīculō. sed tamen nōs quoque Rōmānae sumus. nōnne Rōmānī fortēs et audācēs sunt? omnēs nōs audīvimus dē rēbus gestīs illius

magis – more

Mūciī. virtūtem alterīus Rōmānī vōbīs narrābō. neque est fābula, sed rēs vēra."

rem narrāre incipiō.

XII
rēs gesta Horātiī

❧ rēs gesta Horātiī ❧

nunc nōs sumus in castrīs hostium, quae trāns flūmen ab urbe est.

ōlim pōns erat in flūmine. mīlitēs Ētruscī trāns pontem in urbem īre volēbant. mīlitēs Rōmānī pontem rumpere volēbant, nē Ētruscī trāns pontem īre possent. Rōmānī simul cum hostibus pugnāre et pontem rumpere nōn poterant.

ōlim – once

pōns – bridge

nē... possent – so that... could not

simul – at the same time

vir fortis et audāx, Horātius, clāmāvit: "mīlitēs Rōmānī, pontem rumpite! in rīpā alterā manēbō! cum hostibus sōlus pugnābō!"

ille in rīpā alterā trāns flūmen mānsit et sōlus cum hostibus pugnābat. cum hostēs in eum multa tēla ēmitterent, Horātius tamen gladiō cum multīs hostibus pugnābat.

cum... ēmitterent – although... were throwing

pōntem – bridge

cum Rōmānī pontem rūperant, Horātius in flūmine per aquam celerrimam ad rīpam iit. hostēs

cum... rūperant – when... had broken

adhūc tēla in eum ēmittēbant, sed tamen Horātius tūtus ad rīpam vēnit. quia ille sōlus cum hostibus pugnāverat, mīlitēs Rōmānī pontem rumpere potuērunt et urbem servāvērunt.

XIII
cōnsilium

❧ Cloelia ❧

"Horātius ille certē fortis et audāx est," inquit Iūnia. "sed vir et mīles est. nōs puellae sumus, nōn virī. nōs captīvae sumus, nōn mīlitēs. virī et mīlitēs magnās rēs gerunt, nōn puellae. puellae domī manēre et vestīmenta facere dēbent."

"haec quae dīxistī vēra sunt," iterum inquam. "puellae sumus, sed tamen nōnne audīvistis dē illā Lucrētiā, quae mulier maximae pudīcitiae erat? Lucrētia illa nōn erat vir, sed tamen magnā cum virtūte prō pudīcitiā mortua est."

"haec quae Cloelia dīxit vēra sunt," inquit ūna ē puellīs. "Lucrētia fortis et audāx erat. nōs quoque fortēs et audācēs esse possumus."

aliae puellae adhūc timent, sed tamen nunc sē ipsās servāre volunt. tacitae cōnsilium capimus. nunc diēs est. cum nox vēnerit, fugiēmus.

cōnsilium capimus – we make a plan

diēs – day

cum... veniet – when... will come

XIV
ē castrīs hostium

❧ Cloelia ❧

nox – night

obscūra – dark

bibunt – they are drinking

nox obscūra est. hostēs nōs nōn spectant, quia bibunt. hostēs quoque bellum gerere nōlunt et domum īre volunt. itaque hostēs nōs nōn vident.

rēpimus – we crawl

per castra hostium ego et puellae īmus. puerī nōbīscum nōn sunt, quia in alterā parte castrōrum sunt. dux puellārum sum. per castra nōn celeriter īmus, sed tacitae rēpimus, sīcut serpentēs. nihil dīcimus, neque clāmāmus, neque lacrimāmus.

manum – hand

ignēs – flames

ad rīpam venīmus. aqua celerrima est. aliae puellae timent. "nōlīte timēre, amīcae." inquam. "nōs Rōmānae sumus. fortēs et audācēs sumus. timēbatne Horātius ille, quī cum omnibus hostibus sōlus pugnāvit? timēbatne Mūcius ille, quī ipse manum in ignēs posuit? timēbatne Lucrētia illa? trāns hoc parvum flūmen īre dēbēmus, et tūtae erimus."

in aquam obscūram īmus. omnēs nōs in aquā sumus. subitō aliquid audīmus!

hostis clāmat, "aliquid videō! aliquid in aquā est!"

nunc nox tacita nōn est. nunc omnēs clāmant. audīmus hostēs tēla ēmittere. tēla ad nōs veniunt. aliae puellae timent. ego quoque timeō! sed tamen dux sum, et cīvis Rōmāna. "nōlīte timēre, Rōmānae! īte! īte celeriter trāns flūmen sīcut Horātius ille!"

ad rīpam alteram vēnimus. tūtae sumus. hostēs nōs adhūc vident, sed tamen tūtae sumus, quia tēla trāns flūmen ēmittere nōn possunt.

"ad rīpam vēnimus, tūtae sumus!" clāmō.

"sumusne tūtae? hostēs nōs adhūc vident!" Iūnia inquit.

"nōlī timēre, Iūnia. hostēs nōs adhūc vident, sed tamen tēla trāns flūmen ēmittere nōn possunt. tūtae sumus. nunc īte ad urbem!" per noctem obscūram nōs ad urbem celeriter īmus.

noctem – night

XV
iterum domī

❧ Cloelia ❧

ut – as

cum... vīdit – when... saw

nē... vidērem – that... I would see

ōscula – kisses

cur – why

tūta ego sum et domī. lacrimō quia laetissima sum. cum mātre et patre sum, ut puella parva esse dēbet. cum māter mē vīdit, clāmāvit "ō fīlia mea! timēbam nē dehinc tē numquam vidērem!" māter mihi multa ōscula dat. sed pater mihi ōscula nōn dat.

"pater, cūr mihi ōscula nōn dās? nōnne laetus es quia domī sum?"

"fīlia mea," inquit pater, et mihi ōscula dat. "laetissimus sum quia tū tūta es, et quia tē vidēre possum, sed tamen tū in perīculō adhūc es. tū captīva es, et captīva in castrīs hostium esse dēbet. quia tū fūgistī, nōs omnēs Rōmānī iterum in perīculō sumus."

"quid?!" clāmō. "cūr in perīculō sumus? fortiter ego ē castrīs fūgī, et captīvās servāvī! nōnne cīvis Rōmāna sum? nōnne cīvis Rōmāna fortis et audāx esse dēbet?"

"ā," inquit māter. "hoc quod pater dīxit vērum est. captīva est vōtum. nefās est vōtum rumpere."

"vōtum?" inquam.

"captīvae sunt vōtum quod nōs Rōmānī fēcimus." inquit pater. "Porsenna dīxit dehinc sē nōbīscum pugnāturum nōn esse, sī sibi captīvōs darēmus. pugnāre nōluimus, et eī captīvōs dedimus. cum tū captīvās ē castrīs dūxistī, hoc vōtum rūpistī."

tacita sum. nefās est vōtum rumpere. hominēs vōta rumpere nōn dēbent. timeō tamen! timeō magis quam cum per castra hostium ībam, et timeō magis quam cum hostēs tēla in mē ēmittēbant. captīva esse nōlō. ad castra hostium iterum īre nōlō.

quid? aliquid audiō. quī veniunt? cūr?

nefās – evil

dīxit... sē... pugnāturum nōn esse – said that he... wouldn't fight

cum... dūxistī – when... you led

hominēs – human beings

magis – more

cum... ībam – when... I was going

cum... ēmittēbant – when... were throwing

XVI
ego et ducēs

❧ Cloelia ❧

ducēs Rōmānī ipsī sunt! Brūtus et Collātīnus ipsī ad domum meum vēnērunt! virī magnī sunt et vestīmenta splendida gerunt!

salūtem dīcit – gives greetings

pater ducibus salūtem dīcit.

"salvēte, Brūte et Collātīne." inquit pater. "fortasse nōn mihi aliquid dīcere vultis, sed fīliae meae?"

"vērum est," inquit Brūtus. "Cloeliae aliquid dīcere volumus." et nunc ducēs mē ipsam spectant!

annōrum – years (old)

salvēte – hello

quid?! ducēs Rōmānī aliquid dīcere volunt, nōn patrī, sed mihi ipsī! puella Rōmāna sum, et decem annōrum sum. ducēs tamen Rōmānī ipsī, Brūtus et Collātīnus, mihi aliquid dīcere volunt. nunc timeō! audāx tamen erō et nōn fugiam!

Brūtum et Collātīnum spectō et salūtem dīcō. "salvēte ducēs," inquam.

"salvē, Cloelia," Collātīnus inquit. "coniūnx mea, illa misera Lucrētia, multa dē tē dīxit. semper dīcēbat audācem puellam tē esse."

salvē – hello

coniūnx – spouse

misera – poor

"salvē, Cloelia," Brūtus inquit. "puella fortissima et audācissima es. rem magnam gessistī, quia captīvās servāvistī. Iūnia, fīlia mea, quoque captīva erat, et eam servāvistī, sed nunc tū Rōmam ipsam quoque servāre potes."

ducēs spectō. "quid facere dēbeō?"

"Porsenna, rēx Ētruscōrum, īrātus erat, quia tū captīvās ē castrīs dūxistī. sed tamen virtūs tua eī placuit. nunc decem captīvās nōn vult, sed ūnam: tē ipsam." inquit Collātīnus.

timeō. ad castra īre nōlō. "māter," tacita inquam. "dēbeōne ad castra īre?"

"dēbēs, fīlia mea," māter inquit. "tū es vōtum quod Rōmam servāre potest."

mātrī et patrī ōscula dō, et eōs relinquō. nōn lacrimō. cīvis Rōmāna sum, et fortis et audāx. nōn lacrimābō.

ōscula – kisses

XVII
in castra hostium

❧ Cloelia ❧

diēs – day

rēpō – I crawl

in equō – on horseback

tubīs – battle trumpets

nōmen – name

itaque trāns flūmen iterum eō, neque nox est, sed diēs. mīlitēs Rōmānī mē ad castra hostium ducunt. trāns flūmen eō nōn sīcut serpēns, sed sīcut mīles Rōmānus. neque rēpō, sed in equō eō. neque tacita eō, sed cum tubīs. omnēs Rōmānī in rīpā sunt et mē spectant. nōmen meum clāmant. timeō, sed tamen nōn lacrimō, quia omnēs mē spectant. cīvis Rōmāna sum, et fortis.

trāns flūmen est Porsenna ille. cum rēge sunt puerī Rōmānī quōs servāre nōn poteram. rēx Ētruscus mē videt.

salvē – hello

rīdet – laughs

"salvē, rēx." inquam. timeō, sed tamen nōn lacrimō, quia cīvis Rōmāna sum.

"salvē, puella." inquit rēx, et rīdet. "parva puella es! sed magnae sunt rēs gestae tuae!"

nihil dīcō. rēgem spectō.

"multōs virōs Rōmānōs vīdī," inquit rēx. "et multās rēs gestās audācēs virōrum. numquam vīdī puellam rēs gestās tam audācēs facere. certē tū es fortissima et audācissima omnium Rōmānōrum."

rīdetne – is he laughing at?

rīdetne rēx mē? certa nōn sum. nihil dīcō. rēgem spectō.

optiō – choice

"itaque, puella, tibi haec est optiō. sī tū mēcum ībis, puerī Rōmānī domum īre poterunt. sī manēbis cum mātre, ut puellae parvae dēbent, puerī Rōmānī mēcum manēbunt. servābisne tē ipsam an puerōs?"

ut – as

an – or

XVIII
vōtum meum

❧ Cloelia ❧

certa nōn sum. dēbeōne mē ipsam servāre? certē domī manēre volō. mātrem et patrem amō, et domum, et urbem. sed tamen cīvis Rōmāna sum, et audāx et fortis. puerī quoque sunt Rōmānī. sī puerī Rōmae habitābunt, virī Rōmānī erunt. sī cum Ētruscīs habitābunt, hostēs erunt. certē domī manēre et mē ipsam servāre volō, sed quoque Rōmam servāre volō.

amō – I love

hoc est vōtum meum: Rōmam semper servābō.

"puerī Rōmānī fortēs et audācēs sunt, et cum virī erunt, cum hostibus Rōmae pugnābunt. tēcum ībō, et Rōma fīliōs suōs tenēre poterit."

suōs – its

itaque ego, Cloelia, quae decem annōrum sum, domum relinquam et ad urbem Ētruscōrum ībō. prō domō pugnābō, ut Camilla prō Italiā pugnāvit. vōtum meum tenēbō, ut Lucrētia et Kallistō vōta sua tenēre volēbant.

tenēbō – I will keep

ut – as

sua – their

tenēre – to keep

cum hostibus habitābō, et fortasse mātrem patremque meum numquam dehinc vidēbō. puella parva sum, sed tamen nōn lacrimābō. fortis erō, et audāx, quia cīvis Rōmāna sum.

postscriptum

multīs annīs posteā, Rōmānī adhūc haec rēs gestās Cloeliae laudābant, quia puella maximae virtūtis erat. Rōmānī Cloeliae statuam posuērunt: Cloelia illa in equō est, et fortiter prae sē spectat. fortasse castra Ētruscōrum prō sē videt. certē nōn timet, quia cīvis Rōmāna est, et fortis, et audāx.

in equō – on horseback

persōnae

Brūtus–Lūcius Iūnius Brūtus, pater Iūniae. ūnus ē ducibus Rōmānīs.

Camilla–virgō in fābulā, quae bellum gerit. pater Camillae rēx Volscōrum erat.

Cloelia–puella parva decem annōrum quae nōbīs hanc fābulam nārrat.

Collātīnus–Lūcius Tarquinius Collātīnus, coniūnx Lucrētiae. ūnus ē ducibus Rōmānīs.

Diāna–virgō dea silvārum.

Horātius–Pūblius Horātius Cocles, mīles Rōmānus quī magnam rem gerit.

Iūnia–puella parva decem annōrum. amīca Cloeliae et fīlia Brūtī.

Iuppiter–rēx et pater deōrum.

Kallistō–virgō in fābulā, quae Diānae vōtum pudīcitiae facit.

Lucrētia–amīca mātris Cloeliae. Cloelia eam multum amat. coniūnx Brūtī.

Mūcius–Gāius Mūcius Scaevola, mīles Rōmānus quī magnam rem gerit.

Porsenna–Lars Porsenna, rēx Ētruscōrum et amīcus Tarquiniī.

Quīntus–Quīntus Cloelius Siculus, pater Cloeliae, cui nōmen quoque est “Vōcula” quia tacitus est.

Rōmānī–Rōmānī hominēs sunt quī in Italiā habitant. Rōma ipsa est urbs prīma et maxima urbium Rōmānōrum.

Sextus–Sextus Tarquinius, fīlius rēgis Rōmae.

Tarquinius–Lūcius Tarquinius Superbus, rēx Rōmae, sed Ētruscus.

Ētruscī– Ētruscī hominēs sunt quī in Italiā habitant, sīcut Rōmānī. in hāc fābula, Ētruscī hostēs Rōmae sunt, sed rēx Rōmānōrum ipse Ētruscus est.

Valeria–māter Cloeliae et amīca Lucrētiae.

glossārium

❧ A ❧

ā–(away) from

ab–(away) from

ad–to

adhūc–still, even now

alia–another, some

aliae–(some of the) other

aliam–another, some

aliī–another; (some of the) other

aliōs–(some of the) other

aliquid–something

alium–another, some

alius–another, some

alter–the other, second

altera– the other, second

alterā– the other, second

alteram– the other, second

alterīus–of the other, of a second

alterum–the other, second

amābat–loved

amīca–friend

amīcae–friends; of friend; to/for friend

amīcās–friends

amīcī–friends

amīcīs–friends; to/for friends

amīcum–friend

amō–I love

an–or

annīs–years

annōrum–years (old)

annōs–(for) years

aqua–water

aquā–water

aquam–water

audācem–bold

audācēs–bold

audācissima–very bold

audacissimās–very bold

audācissimī–very bold

audāx–bold

audiēbat–heard

audīmus–we hear

audiō–I hear

audīre–to hear

audīverant–(they) had heard

audīvimus–we heard

audīvistī–you heard

audīvistis–did you hear?

audīvitne–did...hear?

❧ B ❧

bellō–war; to/for war

bellum–war; +*gerere* = to wage war

bibēbat–was drinking

bibunt–(they) are drinking

bona–good

bonae–good

bonam–good

Brūte–Brūtus

Brūtō–to/for Brūtus

Brūtum–Brūtus

Brūtus–one of the two Roman leaders, father of Iūnia

❧ C ❧

Camilla–an Italian warrior princess

Camillā–Camilla

Camillae–of Camilla; to/for Camilla

Camillam–Camilla

capimus–we take; +*cōnsilium* = we make a plan

captīva–hostage

captīvae–hostages; of hostage; to/for hostage

captīvās–hostages

captīvīs–hostages; to/for hostages

captīvōs–hostages

castra–military camp

castrīs–military camp

castrōrum–of the military camp

celer–quick

celeriter–quickly

celerrima–very quick

celerrimam–very quick

cēpērunt–(they) captured

cēpit–took, captured; +*cōnsilium* = got an idea

certa–certain

certē–certainly

certus–certain

cīvēs–citizens

cīvis–citizen; of citizen

clamābant–(they) shouted

clāmāmus–we shout

clāmant–(they) are shouting

clāmat–shouts

clāmāvī–I shouted

clāmāvit–shouted

clāmō–I shout

Cloelia–our heroine, a 10 year old Roman girl of high birth

Cloeliae–of Cloelia; to/for Cloelia

Cloelius–Cloelia's father's family name

Cōcles–Horātius' cognomen

Collātīne–Collātīnus

Collātīnī–of Collātīnus

Collātīnō–to/for Collātīnus

Collātīnum–Collātīnus

Collātīnus–one of the two Roman leaders, husband of Lucrētia

coniūnx–spouse

cōnsilium–plan, idea; +*capere* = to make a plan, get an idea

cōnsūmentēs–devouring

cōnsūmerent–(they) were devouring

cōnsūmpsērunt–(they) devoured

contrā–against

cui–to/for whom

cum–(1) with, accompanied by; (2) when, after, since, because, although

cupere–to desire

cupiam–I will desire

cupiēbat–desired

cupiet–will desire

cupiō–I desire

cupit–desires

cupīvit–desired

cūr–why

❧ D ❧

dā–give!

dabō–I will give

dabunt–(they) will give

darēmus–we give

dās–you give

dat–gives

dāte–give!

dē–about

dea–goddess

dēbēbat–had to

dēbēmus–we have to, we must

dēbent–(they) have to, (they) must

dēbeō–I have to, I must

dēbeōne–Do I have to? Must I?

dēbērent–(they) would have to

dēbēs–you have to, you must

dēbet–has to, must

dēbuit–had to

decem–ten

dedimus–we gave

dedit–gave

dehinc–any more

deī–gods

deō–god; to/for god

dextram–right

Diāna–maiden goddess of the moon, the wild, and the hunt

Diānā–Diāna

Diānae–of Diāna; to/for Diāna

Diānam–Diāna

dīcāmus–let's say

dīcēbant–(they) said

dīcēbat–said

dīcere–to say

dīcimus–we say

dīcis–you say

dīcit–says

dīcō–I say

diēs–day; days

dīxerat–had said

dīxī–I said

dīxistī–you said

dīxit–said; *dīxit sē...* = said that he/she/they...

dō–I give

domī–at home

domō–house; from home

domum–house; toward home

duae–two

dūcam–I will lead

ducem–leader

ducēs–leaders

ducibus–leaders; to/for leaders

ducis–of the leader

ducunt–(they) lead

duōs–two

dux–leader

dūxērunt–(they) led

dūxistī–you have led

❧ **E**❧

ē– out of, from; *ūnus ē* - one of the

eam–her, it

eāmus–let's go

ego–I

ēheu–oh no!

eī–to her/him/it

eius–his, her, its

ēmīsit–threw; let go

ēmittam–I will let go

ēmittēbant–(they) were throwing

ēmittere–to throw, let go

ēmitterent–(they) would throw, let go

eō–I go

eōs–them

equō–horse

eram–I was

erāmus–we were

erant–(they) were

erat–was

erimus–we will be

eris–you will be

erit–will be

erō–I will be

erunt–(they) will be

es–you are

esse–to be

est–is

estisne–are you?

et–and

eum–him, it

ex–out of, from; *ūnus ex* - one of the

expellēmus–we will expel

expellere–to expel

expulsērunt–(they) expelled

expulsit–expelled

❧ **F** ❧

fābula–story

fābulae–stories; of story; to/for story

fābulam–story

fābulās–stories

fābulīs–stories; to/for stories

facere–to make

faciat–makes

faciēbam–I was making

faciēbāmus–we were making

faciēbat–made

facit–makes

faciunt–(they) make

fēcērunt–(they) made

fēcimus–we made

fēcistī–you made

fēcit–made

fīlia–daughter

fīliae–daughters; of daughter; to/for daughter

fīliam–daughter

fīliī–sons, children; of son, child

fīliō–son, child; to/for son, child

fīliōs–sons, children

fīlium–son, child

fīlius–son, child

fīliusque–and son, child

flūmen–river

flūmine–river

fōrmam–shape

fortasse–perhaps

fortem–brave

fortēs–brave

fortis–brave

fortissima–very brave

fortissimī–very brave

fortiter–bravely

fuerat–had been

fugere–to flee

fūgērunt–(they) fled

fūgī–I fled

fugiam–I will flee

fugiēbat–was fleeing

fugiēmus–we will flee

fūgistī–you fled

fūgit–fled

❧ **G** ❧

Gāiī–of Gāius

Gāius–the given name of Gāius Mūcius, a Roman hero

gerēbam–I was doing (*rēs/rem*), wearing (*vestīmenta*), waging (*bellum*)

gerēbant–(they) were doing (*rēs/rem*), wearing (*vestīmenta*), waging (*bellum*)

gerēbat–was doing (*rēs/rem*), wearing (*vestīmenta*), waging (*bellum*)

gerere–to do (*rēs/rem*), wear (*vestīmenta*), wage (*bellum*)

gerunt–(they) do (*rēs/rem*), wear (*vestīmenta*), wage (*bellum*)

gessistī–you have done (*rēs/rem*), worn (*vestīmenta*), waged (*bellum*)

gessit–did (*rēs/rem*), wore (*vestīmenta*), waged (*bellum*)

gesta–done; +*rēs* = deed

gestae–done; +*rēs* = deed

gestam–done; +*rem* = deed

gestās–done; +*rēs* = deeds

gestīs–done; +*rēbus* = deeds

gladiō–sword; with a sword

gladium–sword

❧ **H** ❧

habēbat–had

habēbit–will have

habitābam–I lived (in)

habitābat–lived (in)

habitābō–I will live (in)

habitābunt–(they) will live (in)

habitant–(they) live (in)

habitāre–to live (in)

habitāvī–I have lived (in)

habuī–I have had

haec–this (woman); these (things)

hanc–this

hic–this

hoc–this (thing)

hōc–this; with this

hominēs–human beings

homō–human being

Horātiī–of Horātius

Horātius–a Roman hero

hōs–these

hostēs–enemies

hostibus–enemies; to/for enemies

hostis–enemy; of enemy

hostium–of the enemies

❧ **I** ❧

ī–go!

ībam–I was going

ībis–you will go

ībō–I will go

iērunt–(they) went

ignēs–flames

iī–I went

iimus–we went

iistī–you went

iit–went

illa–that (woman)

illā–that (woman)

illam–that (woman)

ille–that (man)

illius–of that (woman, man, thing)

illō–that (man, thing)

īmus–we are going

in–in, on; into, onto; at

incēpisset–had begun

incēpit–began

incipiō–I begin

infans–baby

infante–baby

infantem–baby

infantibus–babies; to/for babies

inquam–I say, I said

inquit–says, said

interfēcērunt–(they) killed

interfēcī–I killed

interfēcistī–you killed

interfēcit–killed

interfēcitne–did ... kill?

interficere–to kill

interficiam–I will kill

ipsa–she herself

ipsae–she herself; they themselves

ipsam–herself

ipsās–themselves

ipse–he himself

ipsī–(they) themselves; to/for himself, herself, itself

īrātī–angry

īrātissima–very angry

īrātissimī–very angry

īrātōs–angry

īrātus–angry

īre–to go

it–goes

Italiā–Italy

Italiam–Italy

itaque–and so

īte–go!

iterum–again

Iūnia–a ten year old Roman girl of high birth, daughter of Brūtus

Iūniae–of Iūnia; to/for Iūnia

Iūnius–Brūtus' family name

Iuppiter–god of sky; father god; husband of Juno and king of gods

❧ **K** ❧

Kallistō–a nymph & follower of Diāna

Kallistōne– Kallistō

Kallistōnem– Kallistō

❧ **L** ❧

lacrimābam–I was crying

lacrimābō–I will cry

lacrimāmus–we are crying

lacrimant–(they) are crying

lacrimant–(they) are crying

lacrimāre–(they) cry

lacrimāre–(they) cry

lacrimō–I am crying

laeta–happy

laetissima–very happy

laetissimus–very happy

laetus–happy

Lars–Porsenna's given name

laudābāmus–we praised

laudābant–(they) praised

laudābat–(they) praised

laudāvit–(they) praised

ligāvit–tied

Lucrētia–a Roman woman and friend of Cloelia's mother. Wife of Collatinus.

Lucrētiā–Lucrētia

Lucrētiae–of Lucrētia; to/for Lucrētia

Lucrētiam–Lucrētia

❧ **M** ❧

magis–more

magna–great; big

magnae–great; big

magnam–great; big

magnās–great; big

magnī–great; big

magnīs–great; big

magnō–great; big

magnōs–great; big

magnum–great; big

magnus–great; big

maior–greater; bigger

manēbis–you will stay

manēbō–I will stay

manēbunt–(they) will stay

manēre–to stay

manet–stays

mānsit–stayed

manum–hand

māter–mother

mātre–mother

mātrem–mother

mātrī–to/for mother

mātribus–to/for mothers

mātrimōniī–of marriage

mātris–of mother

maxima–the greatest

maximae–the greatest; of greatest

maximōrum–of greatest

mē–me

mea–my

meae–my

meam–my

mēcum–with me

meum–my

mihi–to/for me; mihi nōmen est = my name is

mīles–soldier

mīlitēs–soldiers

mīlitibus–soldiers; to/for soldiers

misera–poor

miseram–poor

mīsit–sent

mors–death

morte–death

mortem–death

mortua–dead; +*est* = died

mortuam–dead

mortuum–dead

mortuus–dead

Mūcī–Mūcius

Mūciī–of Mūcius

Mūciō–Mūcius; to/for Mūcius

Mūcius–a Roman hero

mulier–woman

mulierem–woman

mulierēs–women

mulierī–to woman

mulieribus–women; to/for women

multa–many, much

multīs–many, much

multōs–many, much

multum–much; a lot

mūtāvit–changed

❧ N ❧

narrābat–told, recounted

narrābō–I will tell, recount

narrāre–to tell, recount

narrat–tells, recounts

narrāvit–told, recounted

nē–lest (that... not)

nefās–wicked, sinful, unholy

neque–and not, nor; neither... nor...

nihil–nothing

nōbīs–us; to/for us

nōbīscum–with us

nocte–by night, at night

noctem–night

nōlēbant–(they) did not want

nōlēbat–did not want

nōlī–don't!

nōlīte–don't!

nōlō–I don't want

nōluimus–we did not want

nōluit–did not want

nōlunt–(they) do not want

nōmen–name; +*mihi est* = my name is

nōn–not

nōnne–isn't? surely?

nōs–we; us

nox–night

nūda–naked

nūlla–not any, no

nullās–not any, no

nūllās–not any, no

nūllī–not any, no

nūllum–not any, no

numquam–never

nunc–now

nūntium–message

❧ **O** ❧

ō–oh!

obscūra–dark

obscūram–dark

ōlim–once

omnēs–everyone, all

omnium–of everyone/everything

optima–best; excellent

optiō–choice

ōscula–kisses

ōsculum–kiss

❧ **P** ❧

pars–part

parte–part

parva–little

parvae–little

parvam–little

parvum–little

pater–father

patre–father

patrem–father

patremque–and father

patrī–to/for father

patris–of father

per–through

perīculō–danger

perīculum–danger

placent–are pleasing to

placet–is pleasing to

placuit–pleased

poenās–punishment, penalty

pōns–bridge

pontem–bridge

Porsenna–king of the Etruscans

Porsennae–of Porsenna; to/for Porsenna

Porsennam–Porsenna

possent–(they) were able

possum–I am able

possumus–we are able

possunt–(they) are able

posteā–afterward

posuērunt–(they) placed

posuī–I placed

posuit–placed, put

poteram–I was able

poterant–(they) were able

poterat–was able

poterint–(they) will be able

poterit–will be able

potes–you are able

potest–is able

potuērunt–(they) were able

prae–ahead, in front

prīma–first

prīmus–first

prō–on behalf of, in front

Pūblius–Horātius' given name

pudīcitia–chastity

pudīcitiā–chastity

pudīcitiae–of chastity; to/for chastity

pudīcitiam– chastity

puella–girl

puellā–girl

puellae–girls; of girl; to/for girl

puellam–girl

puellārum–of girls

puellās–girls

puellāsque–and girls

puerī–boys; of boy

puerōs–boys

pugnābat–was fighting, fought

pugnābō–I will fight

pugnābunt–(they) will fight

pugnant–(they) fight

pugnāre–to fight

pugnāturum–will be fighting

pugnāvisset–had fought

pugnāvit–fought

❧ **Q** ❧

quae–who, what

quam–whom, which; than

quem–whom, which

quī–who

quia–because, since

quid–what?

Quīntus–Cloelia's father's given name

quis–who?

quod–what, which; because

quoque–also

quōs–whom

❧ **R** ❧

rēbus–things, account(s) of events; +*gestīs* = deeds

rēge–king

rēgem–king

rēgis–of king

relinquere–to leave behind

relinquō–I leave behind

relīquit–left behind

rem–thing; +*gestam* = deed, +*narrāre* = to recount events

rēpimus–we crawl

rēpō–I crawl

rēs–thing(s); +*gesta/gestās* = deed/deeds, +*narrāre* = to recount events

rēx–king

rīdēbāmus–we laughed

rīdēbat–laughed

rīdet–laughs

rīdetne–is ... laughing?

rīpā–riverbank

rīpam–riverbank

rīsērunt–(they) laughed

rīsimus–we laughed

rīsit–laughed

Rōma–Rome, capital city of the Roman empire and Cloelia's home

Rōmae–of Rome; at Rome, in Rome

Rōmam–Rome; to Rome

Rōmāna–Roman

Rōmānā–Roman

Rōmānae–Roman

Rōmānī–Roman; of a Roman

Rōmānīs–Roman

Rōmānōrum–Roman; of Romans

Rōmānōs–Roman

Rōmānus–Roman

rumpere–to break, destroy

rumpit–breaks, destroys

rumpite–break! destroy!

rūperant–(they) had broken, destroyed

rūpī–I have broken, destroyed

rūpistī–you broke, destroyed

rūpit–broke, destroyed

❧ **S** ❧

salūtem–greeting

salvē–greetings! hello!

salvēte–greetings! hello!

satis–enough

Scaevola–Lefty, the cognomen given to Gaius Mucius after he burned up his right hand.

scelera–crimes

scelere–crime

sceleribus–crimes; to/for crimes

scelus–crime

scrībam–scribe, secretary

sē–oneself; *dīcere sē...* = says that he/she/they...

sēcum–with/to oneself

sed–but

semper–always

serpēns–snake

serpentēs–snakes

servā–protect!

servābisne–will protect

servābit–will protect

servābō–I will protect

servāre–to protect

servāvērunt–(they) protected

servāvī–I protected

servāvistī–you protected

servāvit–protected

Sextī–of Sextus

Sextō–Sextus; to/for Sextus

Sextum–Sextus

Sextus–son of the Roman king Tarquinius

sī–if

sibi–to him

Siculus–"the Sicilian," Cloelia's family's cognomen

sīcut–like, just like

silvārum–of forests

silvīs–forests

simul–at same time

sōla–alone

sōlus–alone

spectābāmus–we watched

spectābant–(they) watched

spectant–(they) are watching

spectat–watches, is watching

spectāvī–I watched

spectō–I watch

splendida–splendid, shining

statim–immediately

statuam–statue

sua–one's own: his, her, its, their

subitō–suddenly

sum–I am

sumus–we are

sumusne–are we?

sunt–(they) are

suōs–one's own: his, her, its, their

❧ T ❧

tacita–quiet; quietly

tacitae–quiet; quietly

tacitus–quiet; quietly

tam–so, such a

tamen–nevertheless

Tarquinium–Tarquinius

Tarquinius–Etruscan king of Rome, father of Sextus

tē–you

tēcum–with you

tēla–spears, arrows

tēlīs–spears, arrows; with spears, arrows

tēlīsque–and spears, arrows; and with spears, arrows

tēlum–spear, arrow

tenēbō–I will hold

tenēre–to hold

tertia–third

tertiō–third

tertium–third

tertius–third

tibi–to/for you

timēbam–I was afraid

timēbāmus–we were afraid

timēbant–(they) were afraid

timēbatne–was afraid?

timēmus–we are afraid

timent–(they) are afraid

timeō–I am afraid

timēre–to be afraid

timet–is afraid

tōtam–whole, entire

trāns–across

trecentī–three hundred

tristis–sad; sadly

tristissima–very sad; very sadly

tū–you

tua–your

tuae–your

tubīs–battle trumpets

Ētrusca–Etruscan

Ētruscī–Etruscans; of Etruscan

Ētruscīs–Etruscans; to/for Etruscans

Ētruscōrum–of Etruscans

Ētruscōs–Etruscans

Ētruscus–Etruscan

tūta–safe

tūtae–safe

tūtus–safe

❧ U ❧

ūnam–one

ūnum–one

ūnus–one

urbe–city

urbem–city

urbis–of city

urbium–of cities

ut–as; that; in order to

❧ V ❧

Valeria–Valeria, Cloelia's mother

vēnērunt–(they) came

vēnī–I came

venient–(they) will come

veniet–will come

venīmus–we are coming

vēnimus–we came

venīre–to come

vēnit–has come, came

veniunt–(they) are coming

vēra–true

vērum–true

vestīmenta–clothing; +*gerere* = to wear clothing

vestīmentīs–clothing; to/for clothing

videāmus–let's see

vidēbant–(they) saw

vidēbō–I will see

vident–they see

videō–I see

vidēre–to see

vidērem–I would see

videt–sees, is seeing

vīdī–I saw

vīdimus–we saw

vīdit–saw, has seen

violāta–violated

violāvit–violated

vir–man

virginēs–maidens

virginibus–maidens; to/for maidens

virginum–of maidens

virgō–maiden

virī–men; of man

virīs–men; to/for men

virō–man; to/for man

virōrum–of men

virōs–men

virtūs–courage, manliness

virtūte–courage, manliness

virtūtem–courage, manliness

virtūtis–of courage, manliness

virum–man

vīs–you want

vīsne–do you want?

vīta–life

vīve–live!

vīvēbat–was alive

vīvere–to live

vīvō–I am alive

vōbīs–you (plural); to/for you (plural)

Vōcula–the Soft-Voiced, Cloelia's father's nickname

volēbam–I wanted

volēbāmus–we wanted

volēbant–(they) wanted

volēbās–you wanted

volēbat–wanted

volō–I want

volumus–we want

volunt–(they) want

vōta–vows

vōtīs–vows; to/for vows

vōtum–vow

vult–wants

vultis–you (plural) want

Acknowledgments

I could not have written this story without the excellent feedback and kind guidance I received from Justin Schwamm, Allyson Bunch, Steven Farrand, John Piazza, Tobias Schliebitz, Bob Patrick, Gus Grissom, Lily Hart, Lance Piantaggini, Johan Winge, Elliott Goodman, David Talone, and Justin Slocum Bailey.

I could not have done this so quickly and (I hope) accurately without the help of the following sites and programs:

Latin Macronizer
Glossa
Diogenes
Whitaker's Words
Logeion (iOS app)

For more resources and readings, to share materials you or your class makes, or to get in touch with the author, please go to latintoolbox.blogspot.com.

Made in the USA
San Bernardino, CA
29 March 2019